Stephan de Vogel

Das Herz von St. Pauli

schlägt immer noch, Teil 2

(Oder: Eine Saison mit Happy End...)

Fußballgedichte
und -geschichten
rund um den FC St. Pauli

Ein persönlicher Saisonrückblick ...

AF186808

1

1. Auflage 2017

© by Stephan de Vogel, Hamburg, 2017
Herstellung und Verlag:
Books on Demand, Norderstedt
ISBN 978-3-7448-7167-9
Foto auf dem Cover und auf Seite 64:
Witters GmbH
Alle anderen Fotos: Anna Balicka

Kontaktadresse: StdeVo1@aol.com

Inhaltsverzeichnis der Gedichte

(falls jemand nicht so viel Text lesen möchte...)

Viel Spaß beim Lesen!

Vorwort:

Diese Saison war wirklich nichts für schwache Nerven gewesen, obwohl wir den besten Trainer der Welt (Ewald Lienen) hatten.
Nachdem Ewald uns im Dezember 2014, als wir ganz unten waren, übernommen hatte, schaffte er es, den Abstieg noch zu verhindern.
In der Folgesaison wurde alles besser. Einige Fans dachten sogar, man könne ja irgendwann auch mal wieder in die 1. Liga aufsteigen ...

Zum Klassenerhalt vor zwei Jahren kam dann auch der Ewald-Lienen-Song mit dem dazu gehörenden Video von Fettes Brot und Niels Frevert heraus: *Ewald Lienen es reicht, wenn wir auf Platz 15 stehen ... Du bist einfach da, wenn man dich wirklich braucht!!!*. Das ist für mich einer der besten Fußballsongs, die es gibt.

Im Folgejahr war der FCSP dann richtig gut, und wurde 4. in der Abschlusstabelle; der Himmel war die Grenze in der nächsten Saison – aber dann ...

Die besten Spieler wurden verkauft, aber nicht gleichwertig ersetzt. St. Pauli ist im Vergleich zu anderen Profiklubs ein eher armer Verein. Und wir müssen immer irgendwie den Balanceakt zwischen wirtschaftlichem und sportlichem Erfolg schaffen. Zwei Spielzeiten nacheinander hatten wir erheblich mehr für Spielerverkäufe eingenommen als wir für neue Spieler ausgegeben hatten. Denn es muss ja auch noch die Fananleihe zurückgezahlt und verzinst werden, und wir haben Verbindlichkeiten aus dem Bau unseres Stadions. Vielleicht war es ein Fehler, bis zum Ende der Transferperiode keinen echten „Knipser" mehr geholt zu haben. Unser ehemaliger Sportchef war dagegen, weil er meinte, dass wir das auch so packen könnten.

Aber leider begann im letzten Sommer die Saison sehr unglücklich für uns. Und dann kam alles zusammen: Unvorstellbares Pech, verletzte Spieler, zu wenig Zeit, die Veränderungen im Kader aufzufangen, und den Umbau der Mannschaft erfolgreich zu gestalten und und und ... Tore wurden deshalb leider auch nicht so richtig viele geschossen, und so kam es zu jeder Menge Niederlagen, und die Schiedsrichter liebten uns auch nicht mehr so richtig.

Die Hinrunde war teilweise wie ein Alptraum gewesen. Und es war mitunter echt zum Heulen. Was die Presse nicht zu verstehen schien, war, welche Probleme wir *wirklich* hatten.

Die Forderungen, die an die Mannschaft gestellt wurden, konnten so gar nicht erfüllt werden. Vom Gefühl her war das so, als müsste ein Torwart mit gebrochenen Händen spielen. Das konnte so einfach nix werden!

Ich verlor in der Hinrunde eigentlich nie die Hoffnung, aber es tat so verdammt weh, das alles mitzuerleben.

Im Jahr 2014 habe ich zum ersten Mal ein Buch mit Fußballgedichten veröffentlicht. Normalerweise schreibe ich nur ab und zu mal ein Gedicht. Aber *diese* Saison hat mich wirklich aus meiner schriftstellerischen Lethargie herauskatapultiert. Die Hinrunde der Saison machte mich teilweise so fertig, dass ich schreiben *musste*, um nicht völlig durchzudrehen.

Die Saison begann wie ein Alptraum und ist in diesem Sommer wie ein Märchen für den FC St. Pauli zu Ende gegangen.

Nach einer total deprimierenden Auswärtsniederlage, die ich auf Sky gesehen hatte, schrieb ich folgendes Gedicht:

Das Herz von St. Pauli
schlägt immer noch ...

Nach dem Spiel,
im Stadion, dabei,
oder vorm Fernseher,
es läuft gerade Sky

Während wir uns
nach Toren sehnen,
kämpfen wir
mit unseren Tränen.
Platz 18,
23 Gegentore,
klingt wie Sado-Maso,
und nicht wie Amore.

Stecken wir jetzt auch
im tiefsten Loch:
Das Herz von St. Pauli
schlägt immer noch

Manchmal geht wirklich
alles schief,
und du fällst
unendlich tief.

Und du verlierst
fast jedes Spiel,
egal, was du tust,
und es wird dir zu viel.

Die Spiele tun weh,
und du bist am Stöhnen,
und du kämpfst wirklich
mit deinen Tränen.

Bist wie in 'nem Alptraum,
'nem Horror von Stephen King,
dabei sind Träume
doch eher dein Ding.

Gedichte sind meistens
nicht nur Gelaber,
und jetzt kommt
ein großes ABER:

Das hier ist
jetzt nicht von mir,
aber es passt,
drum kommt es hier:
„Wenn du glaubst,
es geht nicht mehr,
kommt irgendwo
ein Lichtlein her!"

Oder (aus *Casablanca*):
„Wenn wir aufhören zu atmen,
sterben wir,
wenn wir aufhören zu kämpfen,
stirbt die Welt!"

St. Pauli, das ist
deine Welt,
und jeder Spieler
<u>ist</u> ein Held,
doch wird einem ständig
in die Fresse gehauen,
dann sinkt auch mal
das Selbstvertrauen.
Und man ist nicht mehr
ganz so gut,
und verliert Kraft
und seinen Mut,
und letztendlich
auch die Spiele.
Diese Saison
sind es zu viele

Zu viele Spiele,
die wir verlieren,
das geht uns allen
an die Nieren,
den Spielern,
und auch den Fans,
den Leuten, die du liebst
und kennst.

Die Abwärtsspirale
hat uns alle im Griff,
doch tot sind wir
noch lange nicht
Noch stecken wir
im tiefsten Loch,
doch das Herz von St. Pauli
schlägt immer noch
(Und ja, du spürst
sein Klopfen doch ...)

Vor uns stehen
noch 20 Spiele,
das sind nicht wenig,
das sind viele.
Wir sind stark,
und wir kämpfen,
und wir kommen da raus,
und auf St. Pauli,
da sind wir zu Haus.

Solang in uns
noch Leben ist,
wär aufgeben doch,
der größte Mist.

Platz 18, klar,
das ist nicht schön,
und da will keiner
von uns steh'n.
Aber egal, wohin
man uns in der Tabelle stellt:
St. Pauli ist der
beste Club der Welt!!!

Und wenn der Fußballgott
uns irgendwann mal wieder liebt,
und nicht irgendwo anders
'ne ruhige Kugel schiebt,
und wenn er sich nicht mehr
gegen uns stellt,
vielleicht mal wieder ein Tor
für St. Pauli fällt,
und die Null
kann wieder stehen,
das haben wir lange
nicht gesehen.

Und außerdem,
Thees Uhlmann hat es schon gesagt
(Das sich hier keiner
bei *mir* beklagt):
»Tragik ist wie Liebe ohne Happy End,
und eines ist wirklich sicher,
dass die Tragik St. Pauli kennt«.

Egal, wem sonst
unser Club gefällt,
er ist der beste
auf der Welt.

Und willst du Hamburg
oben sehn,
musst du halt
die Tabelle drehn;
(OK, *der* war jetzt
nicht so schön).

Und *wofür*
St. Pauli steht,
weiß jeder,
der zu den Spielen geht,
und diesen Verein
im Herzen trägt.

Egal, wie das Spiel ausgeht,
und egal, in welcher Liga,
St. Pauli ist und bleibt
immer der Sieger!!!

Das Gedicht ist Ende November 2016 entstanden. Zu einem Zeitpunkt, als der Himmel über dem Millerntor schwarz zu sein schien: Das Abstiegsgespenst spukte am Millerntor, wir standen auf dem letzten Platz, und alles war irgendwie total traurig und deprimierend.

Aber trotzdem, als das Gedicht fertig war, ging es mir viel besser. Denn manchmal läuft es im Leben halt total beschissen, und man muss einfach versuchen, den Kopf oben zu behalten und nicht aufzugeben.

> When you walk through a storm
> keep your head up high
> and don't be afraid of the dark ...
> (»You'll never walk alone«)

Manchmal könnte man halt von morgens bis abends nur noch kotzen, weil alles schief geht und rein gar nichts mehr klappt; und genauso war es auch beim FC St. Pauli. Und weil mir das alles beim Schreiben klar wurde, wusste ich: Es kommen auch wieder bessere Zeiten! Und schon kurze Zeit später ging es tatsächlich wieder aufwärts.

Nach dem letzten Sieg im September hatte St. Pauli 8-mal verloren und 3-mal unentschieden gespielt und lag am Boden. Die Presse fing an, ihre Messer gegen Ewald Lienen zu wetzen, und es war alles so furchtbar.

Aber nachdem ich *Das Herz von St. Pauli schlägt immer noch* geschrieben hatte, schien es, als sei dies ein *magisches* Gedicht zu sein. Denn was nun folgte, war kaum zu glauben: St. Pauli wurde spürbar besser und das Pech begann uns zu verlassen.

Am 2. Dezember verloren wir nicht. Wir erreichten ein Unentschieden gegen den 1. FC Kaiserslautern. Und ich hatte das Gefühl, dass vielleicht doch noch alles gut werden würde. Im Dezember verloren wir nicht mehr und holten aus 3 Spielen 5 Punkte.

Nach dem Auswärtssieg gegen Fürth am 11. Dezember schrieb ich wieder ein Gedicht:

(Endlich) 3 Punkte

Wir sind grad keiner
von den Großen,
aber der Bock
ist umgestoßen.

Das war zwar nicht
ganz Champions League,
aber ein dreckiger
Auswärtssieg.

Manchmal kannst du es spüren,
das Glück,
der FC St. Pauli
ist zurück!

Und das Pech
ist wech.

Aufregende Überraschung auf der Weihnachtsfeier

Im Dezember machten wir von der Marathon-Abteilung die Weihnachtsfeier im Fanladen. Dort erfuhr ich von Fabian und Urs aus der Abteilung, dass sie mit mir eine Lesung in den Fanräumen machen wollten. Das hatten wir schon länger geplant.

Auf die Lesung freute ich mich sehr. Aber trotzdem war das doch etwas aufregend für mich. Denn es war auch schon vor Jahrzehnten bei Auftritten mit Schülerbands oft mein Problem gewesen: das Lampenfieber.

Auf der Weihnachtsfeier las ich mein Gedicht *Das Herz von St. Pauli schlägt immer noch* vor. Dabei geschah etwas sehr Sonderbares: Die Außentür war offen. Bei der Stelle *Und wenn der Fußballgott uns irgendwann mal wieder liebt* donnerte es draußen wie bei einem Gewitter, obwohl der Himmel klar war.

Ein Zuhörer meinte daraufhin: *Der Fußballgott hat gerade geantwortet*, und alle lachten; und ich sagte: *Das ist ein gutes Omen für den Rest der Saison*..(Schon da war ich sicher, dass wir es schaffen würden, die Klasse zu halten.)

Abstiegskampf

Zwei Tage vor meinem 50. Geburtstag war das letzte Heimspiel vor der Winterpause. Ich wünschte mir, der Aufwärtstrend würde weitergehen, und mein Wunsch wurde auch erfüllt: St. Pauli spielte am Millerntor 1:1 gegen Bochum.

Mit einem guten Gefühl ging ich in die Winterpause. Denn wir hatten noch jede Menge Zeit, und unser Schicksal selbst in der Hand. Ich glaubte an unseren FC.

Das 2. Halbjahr 2016 hatte es in sich gehabt. Auch ich hatte eine persönlich sehr düstere Hinrunde hinter mir: Wegen einer Verletzung konnte ich nicht mehr als Torwart spielen, und ich war immer wieder krank. Zum Ende der Rückrunde begann ich, langsam wieder mit dem Laufen anzufangen. Und ich startete gefühlt auch vom untersten Ende der Tabelle, aber weder beim FC St. Pauli noch bei mir war Aufgeben je eine Option gewesen. Das war eben Abstiegskampf.

Happy New Year

Die heiße Phase hatte begonnen: Wir bereiteten uns auf unsere Lesung vor. Noch im Dezember hatten wir einen Flyer gebastelt, in dem in etwa Folgendes stand:

Ein Verein (FC St. Pauli), eine Abteilung (FC St. Pauli Marathon), drei Autoren und eine Lesung.

Wie schafft man es, die Tatsache, Fan des FC St. Pauli zu sein, zu verarbeiten?
Man schreibt Fußball-Gedichte.
Man schreibt ein Buch über den FC St. Pauli und seine Fan-Szene auf Polnisch,
Oder man schreibt ein Buch über Stress, und den hat auch (gerade jetzt) ein Fan des FC St. Pauli

Oder man geht am 26. Januar 2017 zur Lesung und versucht, aus dem Ganzen schlau zu werden...

Mit Fabian und Urs traf ich mich ein paar Wochen vor der Lesung auf St. Pauli, um alles zu planen. Und wir verteilten auch gleich die ersten Flyer.

Fabian hat ein Buch über die St. Pauli-Fanszene in Polen geschrieben und ist schon international bekannt.

Urs ist Journalist bei der *Zeit* und hat ein Buch über Stress geschrieben (das passte gut zu unserem FC, besonders in der Hinrunde der Saison).

Das Autorentrio komplett machte ich. Vor ein paar Jahren habe ich meine FC St. Pauli-Gedichte über Book on Demand veröffentlicht, zum Spaß. Das war aber im Vergleich zu den Büchern von Fabian und Urs eher ein Lowseller gewesen.

Alle drei hatten wir uns mit unseren Büchern einen persönlichen Traum erfüllt. Mit dieser Lesung rückte ein weiterer Traum in greifbare Nähe.

Intermezzo: Ein Gedicht entsteht...

Am Wochenende vor der Lesung war ich zu Hause, und ich war total nervös, wenn ich an die Lesung denken musste. Irgendwie musste ich mich ablenken. Und deshalb probierte ich eine neue Schreib-App aus, und schrieb ein paar Zeilen. Und stellte später etwas verwundert fest, dass ich gerade *das* Gedicht für die Lesung und vor allem für die Rückrunde geschrieben hatte. Ein positives Gedicht, das die Zuhörer mit einer guten Stimmung nach Hause schicken sollte.

Und es drückte genau das aus, was ich fühlte: Wir würden es auf jeden Fall schaffen. Jeder im Verein setzte alle Kräfte für den Klassenerhalt ein. Die Fans, die Spieler, die Trainer, die Physios, der Sportchef – und ich versuchte mit dem neuen Gedicht, mit positiver Energie auf den Verein einzuwirken.

Frohes neues Pauli-Jahr!
(Im Ernst: Das wird echt wunderbar.)
Oder: Wir werden es schaffen!!!

Wir sind die Hüter
der roten Laterne,
und viele Gegner
mochten uns gerne.

Wer uns nicht mochte,
war das Glück –
Das ist vorbei:
Wir sind zurück!

Wir sind noch im
Tabellenkeller,
aber ganz langsam
wird es heller.

Im Sommer, da wird
groß gefeiert,
macht nichts, wenn man
vom Bier dann reihert,
sich besoffen tut
zusammenfalten:
Hauptsache die Klasse
ist dann gehalten!!!

Apropos *besoffen zusammenfalten*: Die Klasse wurde *natürlich* gehalten, die Fortsetzung des Gedichtes kommt zum Schluss des Buches.

Noch sind wir aber im Januar, es ist Winter, und draußen ist es saukalt. Wer kein so sonniges Gemüt hatte und die Tabellensituation nicht verkraften konnte, war bei Beginn der Lesung eventuell schlecht drauf. Aber das wollten wir unbedingt ändern.

Wir hatten natürlich alles ganz genau geplant, aber es ging uns auch darum, Spaß zu haben und gute Laune zu verbreiten. Und vielleicht ein kleines Licht der Hoffnung in die Herzen unserer Zuhörer zu setzen. Je mehr Leute davon überzeugt werden konnten, dass wir es noch schaffen würden, desto höher war die Wahrscheinlichkeit, dass wir am Ende der Saison nicht mehr gegen den Abstieg würden kämpfen müssen.

Die Lesung

Drei Autoren aus der Marathonabteilung sind sehr gut in Form. Von links: Stephan, Fabian und Urs nach der Lesung.

Es war der 26. Januar, ein Tag vor Beginn der Rückrunde. Wir trafen uns zwei Stunden vor der Lesung, bauten alles auf und bereiteten uns vor. Den ganzen Tag über hatte ich schon einen nervösen Magen gehabt, dieses verdammte Lampenfieber. Urs konnte mir dazu gleich ein paar Sachen aus seinem Buch erklären: Ich hatte in dem Moment typische Stress-Symptome.

Wir hatten natürlich richtig viel Werbung gemacht und waren gespannt, wie viele Zuhörer kommen würden. Zur Not hätten wir uns auch gegenseitig etwas vorgelesen, wenn keiner gekommen wäre. So kam es aber zum Glück nicht, denn insgesamt hatten wir etwa 30 Zuhörer – und das ist ganz schön viel!

Abwechselnd trugen wir unsere Texte vor, und jeder machte das immer so etwa fünf Minuten lang, bis dann wieder der nächste an der Reihe war.

Während der Lesung

Fabian erzählte, wie er aus Polen zum FC St. Pauli gekommen war, Urs, wie er aus der Schweiz, auch wegen des FC, nach Hamburg ausgewandert war. Und ich, ich erzählte lieber nicht, dass ich vor über 30 Jahren, noch bevor ich den FC St. Pauli kennen und lieben gelernt hatte, zum HSV gegangen war (das ist jetzt ja auch verjährt!), sondern gab ein paar meiner Gedichte zum Besten.

Ein Traum ist wahr geworden.

Obwohl wir drei völlig unterschiedliche Themengebiete bei der Lesung hatten, passte es perfekt. Und unsere Lesung wurde ein voller Erfolg.

Danach setzten wir uns noch mit ein paar Zuhörern auf ein paar Bierchen zusammen. Es freute mich besonders, dass ich endlich jemanden vom *Übersteiger* persönlich kennenlernen konnte; ich hatte seit Jahren dem *ÜS,* dem *Kampf- und Spaßblatt rund um den FC St. Pauli* immer mal wieder eigene Gedichte als Leserbriefe geschickt, die tatsächlich abgedruckt wurden. Und das war schon viele Jahre, bevor ich überhaupt daran dachte, jemals einen Gedichtband zu veröffentlichen. Der *Übersteiger* hatte sogar im Jahr 2014 eine Rezension meines ersten Gedichtbandes gebracht. Als ich die Rezension zum ersten Mal sah, war das ein Gefühl, als stünde ich auf der *Spiegel*-Bestsellerliste.

Der allerschönste Moment war aber, als ohne weiteren Kommentar mein Gedicht *Das Herz von St. Pauli schlägt immer noch* auf einer kompletten Seite des *Übersteigers* abgedruckt wurde. Das war, zwei Tage vor meinem 50., für mich wie ein vorzeitiges Geburtstagsgeschenk.

Und wir wurden noch alle drei vom ÜS reichlich beschenkt. Denn in der nächsten Ausgabe vom 27. Februar 2017 stand ein Bericht über unsere

Lesung, und das sogar über zwei ganze Seiten.

Im Fanladen gibt es immer richtig geile FC St. Pauli-Fan-Aufkleber. Einer davon brachte mich auf die Idee, dieses Gedicht zu verfassen:

St. Pauli changed my life

I believe in St. Pauli
St. Pauli changed my life
And even, if the times get harder,
St. Pauli will survive.

And if we lose
or if we win,
that doesn't
really matter.

We are the ones,
that do not care,
St. Pauli is
always better!!!

Die Rückrunde startet.

Am nächsten morgen wachte ich im Bewusstsein auf, durch die Lesung einen der schönsten Tage meines Lebens und auch meines Schriftstellerlebens erlebt zu haben. Obwohl es für mich doch sehr aufregend gewesen war.

Und die Aufregung sollte gleich weiter gehen. Denn am Wochenende startete die Rückrunde. Wir waren am Sonntag dran, zu Hause, gegen den VfB Stuttgart.

Es hätte ein Auftakt nach Maß werden können. Auf dem Platz war auch überhaupt nicht zu erkennen, dass die Stuttgarter ganz oben in der Tabelle waren, und wir ganz unten. Es setzte aber eine unglückliche Niederlage für uns, mit einem Gegentor in der 84. Minute; ich war stinksauer und verfluchte den Fußballgott, weil wir mal wieder Pech gehabt hatten, und dazu kein Glück, obwohl wir gut spielten.

Und deshalb schrieb ich auch gleich nach dem Spiel wieder ein Gedicht:

29.01.2017 St. Pauli : Stuttgart (0:1)
Oder: Ein Schmähgedicht
auf den Fußballgott

Der Fußballgott,
der mag uns nicht.
Er ist ein blödes
Sackgesicht!

Er ist so eine
blöde Sau,
er rettet stets
den HSV,
und er lässt ihn
nie absteigen,
nur uns, uns lässt er
gern vergeigen.

Wir tun uns nicht
vor ihm verneigen,
wir tun ihm nur
den Finger zeigen.
Und wir können nur
auf ihn pissen,
und wollen von ihm
nichts mehr wissen.

Wir liegen nicht vor ihm
auf den Knien,
wir schaffen es
auch ohne ihn.
Der Fußballgott,
der steht auf Bayern,
und man kann nur
auf ihn reihern.

Seine Schuld,
dass wir hinten landen.
St. Pauli hat er
nicht verstanden.
Er mag keine Götter
neben sich,
deshalb:
St. Pauli mag er nicht

Er ist kein Punk,
er ist voll krank,
und er ist
kein bisschen Kult.
Und alles ist
nur seine Schuld!

Alles schien sich gegen uns verschworen zu haben – mal wieder. Aber trotzdem: Die Hoffnung stirbt zuletzt. Genau eine Woche später sollte es weitergehen, in Braunschweig.

Auswärts in Braunschweig

Ein Spiel, das meine Nerven extrem belastet hatte. Aber, wenn man endlich aus der Scheiße raus ist, kommt ein Happy End schon mal öfter vor. In der Hinrunde hatten wir noch die Seuche gehabt, und es ging eigentlich alles schief, was nur irgendwie schiefgehen konnte.

Aber ein Gedicht sagt mehr als tausend Worte.

Braunschweig : St. Pauli (1:2)
Oder: St. Pauli is back – wir sind endlich wieder da!

Boah, 7 Minuten
Nachspielzeit,
St. Paulis
grandioser Fight –
meine Nerven
lagen blank,
aber der Tiger
war im Tank.

Wir haben weltklasse
begonnen,
und auswärts
(wieder mal (-;) gewonnen.

Der Dichter
ist glücklich,
und er wird
gleich stumm,
und dreht sich
die Tabelle um:

St. Pauli ist
auf 1,
und der Rest,
der ist Karl Heinz,
und das heißt,
wirklich scheißegal,
und alle anderen
können uns mal.

Jetzt wird es doch
ein gutes Jahr,
denn wir sind
endlich wieder da!

Und das ist
einfach wunderbar.

Mir war schon am 5. Februar klar, dass wir nicht absteigen würden, denn wir hatten endlich wieder einen richtigen Lauf. Und gegen die Stuttgarter hatten wir, genau wie im Hinspiel, riesengroßes Pech gehabt.

Der Fußballgott, falls es ihn denn nun wirklich geben sollte, muss in der Hinrunde den totalen Hass auf uns gehabt haben. Im ersten Spiel der Hinrunde war St. Pauli gegen Stuttgart phasenweise drückend überlegen, und den Rest des Spiels mindestens auf Augenhöhe. Aber schon da begann es. Die Schiedsrichterentscheidungen wurden in meinen Augen oft im Zweifelsfalle gegen St. Pauli gefällt. Und zum Unglück kam dann oft auch noch Pech dazu. Dazu muss ich natürlich sagen, dass ich ein Fan bin, und natürlich bin ich deshalb nicht objektiv. Und im Stadion habe ich keine Zeitlupe, die mich eines Besseren belehren kann...

Aber trotzdem: So viele Fehlentscheidungen wie in der Hinrunde gegen St. Pauli hat es wohl noch nie gegeben.
Hätten wir die nötigen Verstärkungen schon zu Beginn der Hinrunde geholt, hätten wir eine völlig andere Saison erleben können.
Aber hätte hätte Fahrradkette, wie es so schön heißt. Es wurden sicherlich auch Fehler gemacht, aber außerdem hatten wir bei St. Pauli in ein paar Monaten gefühlt so viel Pech wie sonst in 10 Jahren.

Und wenn ein paar Dinge in der Hinrunde anders gelaufen wären, wären wir vielleicht am 33. Spieltag auf Platz 1 und nicht Stuttgart. Und außerdem, falls der HSV jetzt auch noch noch die Relegation verkackt, können wir in der nächsten Saison wieder die Stadtmeisterschaft in Hamburg verteidigen. Denn seit dem 16. Februar 2011 (Ergebnis HSV 0, St. Pauli 1 im Stadion an der Müllverbrennungsanlage) ist der FC St. Pauli Hamburger Stadtmeister.

Aber da der Fußballgott scheinbar eine Dauerkarte beim HSV hat, werden die Rothosen vermutlich das 3. Mal in vier Jahren die Relegation erfolgreich überstehen. Ist so etwas gerecht? Eher nicht! Aber als Pauli-Fans müssen wir die Sache positiv sehen, da wir erst im nächsten Jahr den Aufstieg in die 1. Liga schaffen werden, bleiben wir noch mindestens eine weitere Saison in Hamburg der amtierende Stadtmeister...

Bisher hat der HSV wirklich *jedes* Mal Glück gehabt, wenn es zum Ende der Saison in die Verlängerung ging. Und die Uhr des Dinosauriers, die im Stadion die Zugehörigkeit zur Ersten Bundesliga signalisieren soll, scheint endlos weiterzulaufen.

Ich bin St. Pauli-Fan, aber natürlich werde ich mir die Relegationsspiele im Fernsehen anschauen.

Und was schreibe ich wohl *nach* den Relegationsspielen? Vielleicht das:

Armer HSV...

Die Fahnen hängen
auf Halbmast.
Die Chance, sie wurde
wieder mal verpasst.

Erfolg in der
Relegation,
aber echt,
was bringt das schon?

Haut mir doch
1000-mal
aufs Mauli,
der geilste Club
ist doch St. Pauli!

Ein Club, der
keine Milliardäre hat,
bleibt weiter
Meister dieser Stadt.

Ich habe nichts gegen den HSV oder seine Fans, aber trotzdem, jetzt ist der Abstieg endlich mal fällig! Wer dank eines Milliardärs mehr als 100 Millionen Euro für neue Spieler ausgeben darf und die Lizenz gerettet bekommt, und trotzdem nur ganz knapp am Abstieg vorbeischrammt, sollte mal die Niederungen der 2. Liga kennenlernen. Und endlich mal ein wenig Demut lernen, wenn die doofe Uhr im Stadion abgelaufen ist.

Noch einmal: Ich habe nichts gegen den HSV und verfolge die Spiele der 1. Liga mit Interesse. Ich finde nur die finanzielle Seite extrem unfair; hätte St. Pauli in den letzten Jahren über 100 Millionen für neue Spieler gehabt, dann wären wir schon längst Welt-Europa-Meister (mindestens, und der allerbeste Verein in den bekannten Galaxien sind wir ja sowieso schon).

Und sollte ein HSV-Fan dies hier lesen, und mir eine reinhauen wollen, weil er keinen Spaß versteht, dann setze ich mich gerne, aber gewaltfrei, mit ihm zusammen auf ein (oder auch gern auf mehrere) Holsten (oder Astra) und auf die Freundschaft.

Denn ob man nun als Fußballfan auf Schalke steht oder auf Dortmund, oder auf welchen Verein auch immer: Es wird im Fußball immer Derbys geben, und da sollte für Hass und Gewalt kein Platz sein, für eine gesunde Rivalität aber gerne.

So, damit ihr mich wirklich hassen könnt (falls ihr denn nicht anders könnt). Liebe Freunde vom HSV, hier ist noch ein kleines Gedicht für euch:

Abgestiegen (Armer HSV... II)

Willkommen
in der 2. Liga,
der Alltag,
der hat euch jetzt wieder.

Mögt ihr auch
Zigmillionen kriegen,
eins könnt ihr hier
vergessen: siegen.

Und Demut,
das würde euch stehen,
dann könnt ihr
in den Spiegel sehen.

Und fällt euch das
vielleicht auch schwer:
Es geht um Sport,
und der ist fair.

Auch wenn es
eure Fans wohl stört:
Seid's da,
wo ihr auch hingehört,
und das ist in der 2. Liga,
und da ist nur St. Pauli Sieger!

Fuck!!! Was soll ich jetzt schreiben? Dies ist ein St. Pauli-Fan-Buch und kein HSV-Buch. Im Hintergrund läuft der Fernseher.

Der Fußballgott saß auf seinem Platz im Volksparkstadion, und ich saß vor der Glotze und habe das Spiel des Lokalrivalen HSV gesehen.
So eine Scheiße, die Gedichte, die ich zur Relegation geschrieben habe, kann ich jetzt wohl vergessen. Ich lasse sie aber trotzdem im Buch. Vielleicht werden Sie nächstes Jahr wieder aktuell; obwohl ... nächstes Jahr spielt St. Pauli ja in der 1. Liga.

Der HSV hat den Kopf doch noch aus der Schlinge gezogen und muss nicht in die Relegation. Als Hamburger freue ich mich, aber dazu schreibe ich kein Gedicht! Den meisten Spielern hätte ich, wenn ich die Saison betrachte, den Abstieg gegönnt. Aber den Fans? NEIN, ich bin selber

Fußballfan, und, das muss ich, bevor es wieder um den besten Verein (nicht den erfolgreichsten) der Welt geht, noch loswerden: Sky zeigt oft die Gesichter der Fans im Stadion, und die Fans vom HSV leiden seit Jahren. Das lässt auch mein Herz nicht unbewegt und das erinnert mich irgendwie an einen anderen Verein, ich komm jetzt aber gerade nicht drauf, an welchen ...

Und ganz dunkel kann ich mich da noch an Zeiten erinnern, in denen St. Pauli in der 3. Liga spielen musste, dagegen ist ein Abstieg aus der 1. Liga schon fast ein Luxusproblem.

Aber wie heißt es so schön bei Asterix *Alesia? Ich kenne kein Alesia! Ich weiß nicht, wo Alesia ist! Und ich will es auch nicht wissen!!!* (So oder so ähnlich steht es in *Asterix und der Avernerschild*.)

Da könnte ich auch sagen: *3. Liga? Ich kenne keine 3. Liga!* - Und daran will ich mich nicht erinnern, das war ein Alptraum gewesen! An die größten Niederlagen will man, auch als Fußball-Fan, nicht erinnert werden. Also für heute schicke ich eine Friedensbotschaft nach Stellingen, sage *Herzlichen Glückwunsch* und gönne den HSV-Fans ihre Feier. Ihnen ist heute mal wieder ein Alptraum erspart geblieben.

Und während im Volksparkstadion die Korken knallen, weil der fast sichere Abstieg wieder einmal vermieden wurde, feiere ich heute Abend einfach mal ein weiteres Jahr als ungeschlagener Stadtmeister.

Ein Gedicht hab ich aber doch noch:

Nur der Fußball

Fährst du ein Fahrrad
oder n Benz,
das ist egal,
denn wir sind Fans.

Wir können lachen
und auch weinen,
wegen unseren
Vereinen.

Ob nun braunweiß
oder schwarzweißblau,
ob nun für Pauli
oder den HSV.

Ob Fußballfans
in Deutschland
oder in Österreich -
im Herzen sind wir alle gleich.

Vielleicht ...

Weil vielleicht nur *ich*
mich mit der Frage grause:
Was mach ich bloß
in der Sommerpause?

21.05.2017

Nur eine kurze Notiz zum Beginn der Sommerpause:

Vielleicht, ganz vielleicht war mein Gedicht *Das Herz von St. Pauli schlägt immer noch* ja doch ein magisches Gedicht gewesen, wie ich schon seit Langem vermutet hatte: Zum Ende der Hinrunde wurde es im *Übersteiger* abgedruckt, und vielleicht, ganz vielleicht hat es danach seine Magie am Millerntor entfacht.

St. Pauli hat die beste Rückrunde der Vereinsgeschichte hingelegt: In der Hinrundentabelle waren wir auf dem 18. Platz, in der Rückrundentabelle sind wir auf dem 3. Platz gelandet. Ein Glück, dass mir das Gedicht noch rechtzeitig eingefallen ist (-;
Zum Ende der Rückrunde stehen wir auf dem 7. Platz der Tabelle – und alles ist gut.
Das Herz von St. Pauli schlägt immer noch!!!

Jetzt ist der 22. Mai, und die Saison ist beendet. Der Tag, der uns endgültig die Rettung brachte, war der 5. Mai, wir spielten auswärts, in Kaiserslautern.

So ein wichtiges Spiel konnte ich natürlich nicht alleine zu Hause sehen, deshalb verabredete ich mich mit befreundeten Fans zum Fußballgucken in der *Kleinen Pause* auf St. Pauli. Vorsorglich kam ich da lieber mit öffentlichen Verkehrsmitteln hin.

Bier ist ja fast so etwas wie ein Grundnahrungsmittel. Aber zur Feier des Tages (der alles entscheidende Auswärtssieg) gab es außer Bier noch so fiese Sachen wie Caipirinias und Mexikaner (Korn mit Tabascosauce).

Erst zwei Tage später war der rechnerische Klassenerhalt zu 100 Prozent gesichert, aber egal, in der Kleinen Pause auf dem Kiez stürzten wir ab – in den fast sicheren Klassenerhalt.

Und deshalb konnte am nächsten Tag wirklich nur ein Gedicht wie *dieses* herauskommen:

**Frohes neues Pauli-Jahr /
Fortsetzung
(Das ist <u>wirklich</u> wunderbar)
Oder: Wir haben es geschafft!!!**

Es ist 10 Uhr,
in der Früh,
aua, aua,
und zwar wie
Mein Kopf, der liegt noch
auf dem Tresen
(der Caipirinia
ist's gewesen).

Zuletzt 5 Siege,
und das am Stück,
der FC St. Pauli
ist zurück,
und das war wirklich
nicht nur Glück.
Und das Pech
ist endlich wech...

Langsam wird der Kopf
jetzt klar,
und alles ist
so wunderbar:
Erlösung, Rettung,
wir haben's geschafft
und das sogar
aus eigener Kraft.

10 Uhr morgens
auf dem Kiez,
und fast nur Touris
on the streets.

Manch einer ist jetzt
noch besoffen,
und liegt da wie
vom Blitz getroffen,
träumt selig, er muss
nicht mehr hoffen:

Die 3. Liga
bleibt uns erspart,
der Abstieg wär
auch hammerhart.

Bei Pauli ist man
immer Sieger,
zum Glück auch weiter
2. Liga.

Manchmal kannst du es spüren,
das Glück,
der FC St. Pauli
ist zurück!
Und dabei hab ich
auch entdeckt:
Eigentlich waren wir
ja niemals weg!

Unser Glück
ist kaum zu fassen,
wir können die Korken
knallen lassen,
jetzt wird gefeiert,
und das nicht zu knapp,
denn St. Pauli steigt nicht ab!!!

Ein kurzes Nachwort:

Alles ist gut, wir spielen nächste Saison immer noch in der 2. Liga. Dieses Mal haben wir aus den Fehlern der Vergangenheit gelernt, und wir haben nicht die besten Spieler verkauft, sondern behalten. Und außerdem haben wir noch ein paar gute Leute dazu geholt.

Vielleicht schreibe ich in einem Jahr schon wieder einen neuen Band mit Gedichten rund um den FC St. Pauli, das werde ich auf jeden Fall tun, falls wir tatsächlich im Sommer 2018 in die 1. Bundesliga aufsteigen sollten.

Und sollte die wundersame Aufholjagd des FC St. Pauli in der abgelaufenen Saison *wirklich* durch mein Gedicht *Das Herz von St. Pauli schlägt immer noch* ausgelöst worden sein, so nehme ich das gern auf meine Kappe, da habe ich kein Problem mit.

Ein noch kürzeres Nachwort

Die Zweifel, die ich daran habe, dass
die kommende Saison besser wird als
die vergangene:

Nanu, da steht ja gar nichts...

Und (fast) noch kürzer...

Was geht nächste Saison alles schief? NICHTS!

Denn ich glaube an den FC St. Pauli! Und irgendwo hab ich mal gehört, es sei besser, eine Kerze anzuzünden, als die Dunkelheit zu verfluchen.

Und falls doch etwas schiefgehen sollte? Wie heißt es im Buddhismus so schön? Leben heißt Leiden. Jedes Lebewesen leidet. Und Fußballfans tun das ganz besonders (OK, davon steht nichts im Buddhismus, zumindest nicht wortwörtlich.)

Und bei Vereinen wie dem FC St. Pauli leidet man halt etwas mehr als bei anderen Vereinen, da gibt es nie das Luxusproblem, in der Saison nur *eine* Meisterschaft geholt zu haben.

Wie auch immer: Lieber Leser, liebe Leserin, liebe Freunde, ich hoffe, ihr hattet etwas Spaß mit meinem kleinen St. Pauli-Buch. Alles gute für die nächste Saison, vorm Fernseher und im Stadion.

Neues Spiel, neues Glück

Wer weiß schon,
was die Zukunft bringt?
Wer weiß, ob *jetzt*
alles gelingt?

Das Millerntor,
unser Stadion,
bald schon startet
die Saison.

Wer weiß, wie oft
wir dann vergeigen?
Wer weiß schon,
ob wir dann aufsteigen?

Aber eins,
das wissen wir,
hier ist St. Pauli,
und hier sind wir.

Wir wollen nicht
woanders sein,
St. Pauli ist
unser Verein!

Angaben zum Autor:

Stephan de Vogel, 50 Jahre alt.

Seit über 30 Jahren bin ich Fan des FC St. Pauli. Schon etwas länger, seit 38 Jahren, schreibe ich Gedichte. Seit 30 Jahren gehören auch Fußballgedichte dazu.

Außerdem bin ich Mitglied im FC St. Pauli, in der Marathonabteilung.

In der Freizeit war ich mehrere Jahre lang Hobbykicker gewesen, und ich erlebte eine wundervolle Zeit als Torwart in Amateurmannschaften. Bis mich dann leider eine schwere Verletzung dazu zwang, die Torwarthandschuhe an den Nagel zu hängen (shit happens!)

Aber noch während der Überarbeitung dieses Buches ist ein weiteres kleines Wunder geschehen: Die Verletzung ist verheilt. Nach über einem Jahr Pause kehre ich wieder zurück ins Tor.

Angaben zum Autor/Fortsetzung:

Da dies ein *persönlicher* Saisonrück-
blick ist, kommen – aus aktuellem
Anlass – noch ein paar neue Gedichte:

Das Glück

Manchmal...
kannst du es spüren:
Das Glück,
du bist endlich
wieder zurück!

Mag es dich
die Gesundheit kosten,
du bist wieder
auf deinem Posten.
Alles andre
ist dir egal,
und du freust dich
echt total.

Und jetzt,
ihr Stürmer,
seht euch vor,
denn Stephan geht
zurück ins Tor!

Ein Traum wurde wahr

Ich bin Stephan
aus dem hohen Norden.
Und ein Traum
ist wahr geworden.

Es kam zurück,
was ich verlor,
bald gehe ich
zurück ins Tor.

Bin ich im Tor,
dann kommt es vor:

Ich will nichts andres
auf dieser Welt,
als der sein,
der die Bälle hält.

Bis zum Schlusspfiff,
dem Signal,
ist alles andere
echt egal,
das Wichtigste
auf dieser Welt,
dass einer hier
die Bälle hält!

Und jetzt, wirklich, das Nachwort:

When you walk through a storm
hold your head up high
And don't be afraid of the dark...

..You'll never walk alone...

Noch nie hat der Text von You'll never walk alone so gut zu einer Saison des FC St. Pauli gepasst, wie dieses Mal.

Wir sind alle zusammen durch die Dunkelheit gegangen, aber wir haben den Kopf oben behalten und nie die Hoffnung aufgegeben.

Und am Ende der Saison sind wir alle dafür belohnt worden.

Und weil die Saison 2016/2017 wie ein wunderbarer Traum zu Ende gegangen ist, und ein Happy End einfach so was von schön ist, kommt auf der letzten Seite noch einmal das Bild, das dazu einfach am Besten passt...

Und ich werde das Buch beenden mit dem schönsten Reim zu dieser Saison:

Jetzt wird gefeiert,
und das nicht zu knapp,
denn St. Pauli
steigt nicht ab!!!